2020
weekly planner

BELONGS TO:

_____

PRETTY SIMPLE PLANNERS

Want free goodies?!

Email us at

● prettysimplebooks@gmail.com ●

Title the email "2020 White Floral!"
and let us know that you purchased
a Pretty Simple Planner!

Find us on Instagram!

@prettysimplebooks

Questions & Customer Service:
Email us at prettysimplebooks@gmail.com!

Year in Review

JANUARY
Su	Mo	Tu	We	Th	Fr	Sa
			1	2	3	4
5	6	7	8	9	10	11
12	13	14	15	16	17	18
19	20	21	22	23	24	25
26	27	28	29	30	31	

FEBRUARY
Su	Mo	Tu	We	Th	Fr	Sa
						1
2	3	4	5	6	7	8
9	10	11	12	13	14	15
16	17	18	19	20	21	22
23	24	25	26	27	28	29

MARCH
Su	Mo	Tu	We	Th	Fr	Sa
1	2	3	4	5	6	7
8	9	10	11	12	13	14
15	16	17	18	19	20	21
22	23	24	25	26	27	28
29	30	31				

APRIL
Su	Mo	Tu	We	Th	Fr	Sa
			1	2	3	4
5	6	7	8	9	10	11
12	13	14	15	16	17	18
19	20	21	22	23	24	25
26	27	28	29	30		

MAY
Su	Mo	Tu	We	Th	Fr	Sa
					1	2
3	4	5	6	7	8	9
10	11	12	13	14	15	16
17	18	19	20	21	22	23
24	25	26	27	28	29	30
31						

JUNE
Su	Mo	Tu	We	Th	Fr	Sa
	1	2	3	4	5	6
7	8	9	10	11	12	13
14	15	16	17	18	19	20
21	22	23	24	25	26	27
28	29	30				

JULY
Su	Mo	Tu	We	Th	Fr	Sa
			1	2	3	4
5	6	7	8	9	10	11
12	13	14	15	16	17	18
19	20	21	22	23	24	25
26	27	28	29	30	31	

AUGUST
Su	Mo	Tu	We	Th	Fr	Sa
						1
2	3	4	5	6	7	8
9	10	11	12	13	14	15
16	17	18	19	20	21	22
23	24	25	26	27	28	29
30	31					

SEPTEMBER
Su	Mo	Tu	We	Th	Fr	Sa
		1	2	3	4	5
6	7	8	9	10	11	12
13	14	15	16	17	18	19
20	21	22	23	24	25	26
27	28	29	30			

OCTOBER
Su	Mo	Tu	We	Th	Fr	Sa
				1	2	3
4	5	6	7	8	9	10
11	12	13	14	15	16	17
18	19	20	21	22	23	24
25	26	27	28	29	30	31

NOVEMBER
Su	Mo	Tu	We	Th	Fr	Sa
1	2	3	4	5	6	7
8	9	10	11	12	13	14
15	16	17	18	19	20	21
22	23	24	25	26	27	28
29	30					

DECEMBER
Su	Mo	Tu	We	Th	Fr	Sa
		1	2	3	4	5
6	7	8	9	10	11	12
13	14	15	16	17	18	19
20	21	22	23	24	25	26
27	28	29	30	31		

January 2020

SUNDAY	MONDAY	TUESDAY	WEDNESDAY
			1 NEW YEAR'S DAY
5	6	7	8
12	13	14	15
19 *National Popcorn Day*	20 MARTIN LUTHER KING JR. DAY	21	22
26	27	28	29

Nothing is impossible, the word itself
says 'I'm possible'!
- Audrey Hepburn

THURSDAY	FRIDAY	SATURDAY	NOTES
2	3	4	
9	10	11	
16	17	18	
23 National Pie Day	24	25	
30	31		

MON · DECEMBER 30, 2019

_____   ○ _____
_____   ○ _____
_____   ○ _____
_____   ○ _____
_____   ○ _____
_____   ○ _____
_____   ○ _____
_____   ○ _____
_____   ○ _____
_____   ○ _____
_____   ○ _____

TUE · DECEMBER 31, 2019

_____   ○ _____
_____   ○ _____
_____   ○ _____
_____   ○ _____
_____   ○ _____
_____   ○ _____
_____   ○ _____
_____   ○ _____
_____   ○ _____
_____   ○ _____
NEW YEAR'S EVE   ○ _____

WED · JANUARY 1, 2020

_____   ○ _____
_____   ○ _____
_____   ○ _____
_____   ○ _____
_____   ○ _____
_____   ○ _____
_____   ○ _____
_____   ○ _____
_____   ○ _____
_____   ○ _____
NEW YEAR'S DAY   ○ _____

⚑ THU · JANUARY 2, 2020

_____   ○ _____
_____   ○ _____
_____   ○ _____
_____   ○ _____
_____   ○ _____
_____   ○ _____
_____   ○ _____
_____   ○ _____
_____   ○ _____
_____   ○ _____
_____   ○ _____

⚑ FRI · JANUARY 3, 2020

_____   ○ _____
_____   ○ _____
_____   ○ _____
_____   ○ _____
_____   ○ _____
_____   ○ _____
_____   ○ _____
_____   ○ _____
_____   ○ _____
_____   ○ _____
_____   ○ _____

⚑ SAT · JANUARY 4, 2020

_____
_____
_____
_____
_____
_____
_____
_____
_____

⚑ SUN · JANUARY 5, 2020

_____
_____
_____
_____
_____
_____
_____
_____
_____

MON · JANUARY 6, 2020

_____   ○ _____
_____   ○ _____
_____   ○ _____
_____   ○ _____
_____   ○ _____
_____   ○ _____
_____   ○ _____
_____   ○ _____
_____   ○ _____
_____   ○ _____
_____   ○ _____
_____   ○ _____

TUE · JANUARY 7, 2020

_____   ○ _____
_____   ○ _____
_____   ○ _____
_____   ○ _____
_____   ○ _____
_____   ○ _____
_____   ○ _____
_____   ○ _____
_____   ○ _____
_____   ○ _____
_____   ○ _____
_____   ○ _____

WED · JANUARY 8, 2020

_____   ○ _____
_____   ○ _____
_____   ○ _____
_____   ○ _____
_____   ○ _____
_____   ○ _____
_____   ○ _____
_____   ○ _____
_____   ○ _____
_____   ○ _____
_____   ○ _____
_____   ○ _____

THU · JANUARY 9, 2020

_____   ○ _____
_____   ○ _____
_____   ○ _____
_____   ○ _____
_____   ○ _____
_____   ○ _____
_____   ○ _____
_____   ○ _____
_____   ○ _____
_____   ○ _____
_____   ○ _____

FRI · JANUARY 10, 2020

_____   ○ _____
_____   ○ _____
_____   ○ _____
_____   ○ _____
_____   ○ _____
_____   ○ _____
_____   ○ _____
_____   ○ _____
_____   ○ _____
_____   ○ _____
_____   ○ _____

SAT · JANUARY 11, 2020

_____

_____

_____

_____

_____

_____

_____

SUN · JANUARY 12, 2020

_____

_____

_____

_____

_____

_____

_____

MON · JANUARY 13, 2020

_____
_____
_____
_____
_____
_____
_____
_____
_____
_____
_____
_____

○ _____
○ _____
○ _____
○ _____
○ _____
○ _____
○ _____
○ _____
○ _____
○ _____
○ _____

TUE · JANUARY 14, 2020

_____
_____
_____
_____
_____
_____
_____
_____
_____
_____
_____
_____

○ _____
○ _____
○ _____
○ _____
○ _____
○ _____
○ _____
○ _____
○ _____
○ _____
○ _____

WED · JANUARY 15, 2020

_____
_____
_____
_____
_____
_____
_____
_____
_____
_____
_____
_____

○ _____
○ _____
○ _____
○ _____
○ _____
○ _____
○ _____
○ _____
○ _____
○ _____
○ _____

THU · JANUARY 16, 2020

- ○
- ○
- ○
- ○
- ○
- ○
- ○
- ○
- ○
- ○
- ○

FRI · JANUARY 17, 2020

- ○
- ○
- ○
- ○
- ○
- ○
- ○
- ○
- ○
- ○
- ○

SAT · JANUARY 18, 2020

SUN · JANUARY 19, 2020

MON · JANUARY 20, 2020 _____

_____   ○ _____
_____   ○ _____
_____   ○ _____
_____   ○ _____
_____   ○ _____
_____   ○ _____
_____   ○ _____
_____   ○ _____
_____   ○ _____
_____   ○ _____
MARTIN LUTHER KING JR. DAY   ○ _____

TUE · JANUARY 21, 2020 _____

_____   ○ _____
_____   ○ _____
_____   ○ _____
_____   ○ _____
_____   ○ _____
_____   ○ _____
_____   ○ _____
_____   ○ _____
_____   ○ _____
_____   ○ _____
_____   ○ _____

WED · JANUARY 22, 2020 _____

_____   ○ _____
_____   ○ _____
_____   ○ _____
_____   ○ _____
_____   ○ _____
_____   ○ _____
_____   ○ _____
_____   ○ _____
_____   ○ _____
_____   ○ _____
_____   ○ _____

THU · JANUARY 23, 2020

_____   ○ _____
_____   ○ _____
_____   ○ _____
_____   ○ _____
_____   ○ _____
_____   ○ _____
_____   ○ _____
_____   ○ _____
_____   ○ _____
_____   ○ _____
_____   ○ _____

FRI · JANUARY 24, 2020

_____   ○ _____
_____   ○ _____
_____   ○ _____
_____   ○ _____
_____   ○ _____
_____   ○ _____
_____   ○ _____
_____   ○ _____
_____   ○ _____
_____   ○ _____
_____   ○ _____

SAT · JANUARY 25, 2020

_____
_____
_____
_____
_____
_____
_____
_____

SUN · JANUARY 26, 2020

_____
_____
_____
_____
_____
_____
_____
_____

MON · JANUARY 27, 2020

- ○ _____
- ○ _____
- ○ _____
- ○ _____
- ○ _____
- ○ _____
- ○ _____
- ○ _____
- ○ _____
- ○ _____
- ○ _____

TUE · JANUARY 28, 2020

- ○ _____
- ○ _____
- ○ _____
- ○ _____
- ○ _____
- ○ _____
- ○ _____
- ○ _____
- ○ _____
- ○ _____
- ○ _____

WED · JANUARY 29, 2020

- ○ _____
- ○ _____
- ○ _____
- ○ _____
- ○ _____
- ○ _____
- ○ _____
- ○ _____
- ○ _____
- ○ _____
- ○ _____

THU · JANUARY 30, 2020

_____   ○ _____
_____   ○ _____
_____   ○ _____
_____   ○ _____
_____   ○ _____
_____   ○ _____
_____   ○ _____
_____   ○ _____
_____   ○ _____
_____   ○ _____
_____   ○ _____

FRI · JANUARY 31, 2020

_____   ○ _____
_____   ○ _____
_____   ○ _____
_____   ○ _____
_____   ○ _____
_____   ○ _____
_____   ○ _____
_____   ○ _____
_____   ○ _____
_____   ○ _____
_____   ○ _____

SAT · FEBRUARY 1, 2020

SUN · FEBRUARY 2, 2020

february 2020

SUNDAY	MONDAY	TUESDAY	WEDNESDAY
2	3	4	5
9	10	11 *Make a Friend Day*	12
16	17 PRESIDENTS' DAY	18	19
23	24	25	26

> I have found if you love life, life will love you back.
> — Arthur Rubinstein

THURSDAY	FRIDAY	SATURDAY	NOTES
		1	_____
6	7	8	_____
13	14 VALENTINE'S DAY	15	_____
20	21	22	_____
27	28	29	_____

MON · FEBRUARY 3, 2020

- ○ _____
- ○ _____
- ○ _____
- ○ _____
- ○ _____
- ○ _____
- ○ _____
- ○ _____
- ○ _____
- ○ _____
- ○ _____

TUE · FEBRUARY 4, 2020

- ○ _____
- ○ _____
- ○ _____
- ○ _____
- ○ _____
- ○ _____
- ○ _____
- ○ _____
- ○ _____
- ○ _____
- ○ _____

WED · FEBRUARY 5, 2020

- ○ _____
- ○ _____
- ○ _____
- ○ _____
- ○ _____
- ○ _____
- ○ _____
- ○ _____
- ○ _____
- ○ _____
- ○ _____

THU · FEBRUARY 6, 2020

FRI · FEBRUARY 7, 2020

SAT · FEBRUARY 8, 2020

SUN · FEBRUARY 9, 2020

MON · FEBRUARY 10, 2020

- ○ _____
- ○ _____
- ○ _____
- ○ _____
- ○ _____
- ○ _____
- ○ _____
- ○ _____
- ○ _____
- ○ _____
- ○ _____

TUE · FEBRUARY 11, 2020

- ○ _____
- ○ _____
- ○ _____
- ○ _____
- ○ _____
- ○ _____
- ○ _____
- ○ _____
- ○ _____
- ○ _____
- ○ _____

WED · FEBRUARY 12, 2020

- ○ _____
- ○ _____
- ○ _____
- ○ _____
- ○ _____
- ○ _____
- ○ _____
- ○ _____
- ○ _____
- ○ _____
- ○ _____

THU · FEBRUARY 13, 2020

_____ ○ _____
_____ ○ _____
_____ ○ _____
_____ ○ _____
_____ ○ _____
_____ ○ _____
_____ ○ _____
_____ ○ _____
_____ ○ _____
_____ ○ _____
                                  ○ _____

FRI · FEBRUARY 14, 2020

_____ ○ _____
_____ ○ _____
_____ ○ _____
_____ ○ _____
_____ ○ _____
_____ ○ _____
_____ ○ _____
_____ ○ _____
_____ ○ _____
_____ ○ _____

VALENTINE'S DAY

SAT · FEBRUARY 15, 2020

SUN · FEBRUARY 16, 2020

MON · FEBRUARY 17, 2020

_____ ○ _____
_____ ○ _____
_____ ○ _____
_____ ○ _____
_____ ○ _____
_____ ○ _____
_____ ○ _____
_____ ○ _____
_____ ○ _____
_____ ○ _____
PRESIDENTS' DAY   ○ _____

TUE · FEBRUARY 18, 2020

_____ ○ _____
_____ ○ _____
_____ ○ _____
_____ ○ _____
_____ ○ _____
_____ ○ _____
_____ ○ _____
_____ ○ _____
_____ ○ _____
_____ ○ _____
_____ ○ _____

WED · FEBRUARY 19, 2020

_____ ○ _____
_____ ○ _____
_____ ○ _____
_____ ○ _____
_____ ○ _____
_____ ○ _____
_____ ○ _____
_____ ○ _____
_____ ○ _____
_____ ○ _____

THU · FEBRUARY 20, 2020

FRI · FEBRUARY 21, 2020

SAT · FEBRUARY 22, 2020

SUN · FEBRUARY 23, 2020

MON · FEBRUARY 24, 2020

_____   ○ _____
_____   ○ _____
_____   ○ _____
_____   ○ _____
_____   ○ _____
_____   ○ _____
_____   ○ _____
_____   ○ _____
_____   ○ _____
_____   ○ _____
_____   ○ _____

TUE · FEBRUARY 25, 2020

_____   ○ _____
_____   ○ _____
_____   ○ _____
_____   ○ _____
_____   ○ _____
_____   ○ _____
_____   ○ _____
_____   ○ _____
_____   ○ _____
_____   ○ _____
_____   ○ _____

WED · FEBRUARY 26, 2020

_____   ○ _____
_____   ○ _____
_____   ○ _____
_____   ○ _____
_____   ○ _____
_____   ○ _____
_____   ○ _____
_____   ○ _____
_____   ○ _____
_____   ○ _____
_____   ○ _____

THU · FEBRUARY 27, 2020

_____   ○ _____
_____   ○ _____
_____   ○ _____
_____   ○ _____
_____   ○ _____
_____   ○ _____
_____   ○ _____
_____   ○ _____
_____   ○ _____
_____   ○ _____
_____   ○ _____

FRI · FEBRUARY 28, 2020

_____   ○ _____
_____   ○ _____
_____   ○ _____
_____   ○ _____
_____   ○ _____
_____   ○ _____
_____   ○ _____
_____   ○ _____
_____   ○ _____
_____   ○ _____
_____   ○ _____

SAT · FEBRUARY 29, 2020

SUN · MARCH 1, 2020

March 2020

SUNDAY	MONDAY	TUESDAY	WEDNESDAY
1	2	3	4
8 DAYLIGHT SAVINGS BEGINS	9	10	11
15	16	17 ST. PATRICK'S DAY	18
22	23	24	25
29	30	31	

> Anything can happen if you let it.
>
> – Mary Poppins

THURSDAY	FRIDAY	SATURDAY	NOTES
5	6	7	
12	13	14 *National Pi Day*	
19	20	21	
26	27	28	

◤ MON · MARCH 2, 2020 ─────────────────

_____   ○ _____
_____   ○ _____
_____   ○ _____
_____   ○ _____
_____   ○ _____
_____   ○ _____
_____   ○ _____
_____   ○ _____
_____   ○ _____
_____   ○ _____
_____   ○ _____

◤ TUE · MARCH 3, 2020 ─────────────────

_____   ○ _____
_____   ○ _____
_____   ○ _____
_____   ○ _____
_____   ○ _____
_____   ○ _____
_____   ○ _____
_____   ○ _____
_____   ○ _____
_____   ○ _____
_____   ○ _____
_____   ○ _____

◤ WED · MARCH 4, 2020 ─────────────────

_____   ○ _____
_____   ○ _____
_____   ○ _____
_____   ○ _____
_____   ○ _____
_____   ○ _____
_____   ○ _____
_____   ○ _____
_____   ○ _____
_____   ○ _____
_____   ○ _____

THU · MARCH 5, 2020

- _____
- _____
- _____
- _____
- _____
- _____
- _____
- _____
- _____
- _____
- _____

FRI · MARCH 6, 2020

- _____
- _____
- _____
- _____
- _____
- _____
- _____
- _____
- _____
- _____
- _____

SAT · MARCH 7, 2020

SUN · MARCH 8, 2020

DAYLIGHT SAVINGS BEGINS

MON · MARCH 9, 2020

_____
_____
_____
_____
_____
_____
_____
_____
_____
_____

○ _____
○ _____
○ _____
○ _____
○ _____
○ _____
○ _____
○ _____
○ _____
○ _____
○ _____

TUE · MARCH 10, 2020

_____
_____
_____
_____
_____
_____
_____
_____
_____
_____
_____

○ _____
○ _____
○ _____
○ _____
○ _____
○ _____
○ _____
○ _____
○ _____
○ _____
○ _____

WED · MARCH 11, 2020

_____
_____
_____
_____
_____
_____
_____
_____
_____
_____
_____

○ _____
○ _____
○ _____
○ _____
○ _____
○ _____
○ _____
○ _____
○ _____
○ _____
○ _____

THU · MARCH 12, 2020

_____   ○ _____
_____   ○ _____
_____   ○ _____
_____   ○ _____
_____   ○ _____
_____   ○ _____
_____   ○ _____
_____   ○ _____
_____   ○ _____
_____   ○ _____
_____   ○ _____

FRI · MARCH 13, 2020

_____   ○ _____
_____   ○ _____
_____   ○ _____
_____   ○ _____
_____   ○ _____
_____   ○ _____
_____   ○ _____
_____   ○ _____
_____   ○ _____
_____   ○ _____
                                  ○ _____

SAT · MARCH 14, 2020

_____
_____
_____
_____
_____
_____
_____
_____

SUN · MARCH 15, 2020

_____
_____
_____
_____
_____
_____
_____
_____

MON · MARCH 16, 2020

- ○
- ○
- ○
- ○
- ○
- ○
- ○
- ○
- ○
- ○
- ○

TUE · MARCH 17, 2020

- ○
- ○
- ○
- ○
- ○
- ○
- ○
- ○
- ○
- ○
- ○

ST. PATRICK'S DAY

WED · MARCH 18, 2020

- ○
- ○
- ○
- ○
- ○
- ○
- ○
- ○
- ○
- ○
- ○

THU · MARCH 19, 2020

- ○
- ○
- ○
- ○
- ○
- ○
- ○
- ○
- ○
- ○
- ○

FRI · MARCH 20, 2020

- ○
- ○
- ○
- ○
- ○
- ○
- ○
- ○
- ○
- ○
- ○

SAT · MARCH 21, 2020

SUN · MARCH 22, 2020

MON · MARCH 23, 2020

_____   ○ _____
_____   ○ _____
_____   ○ _____
_____   ○ _____
_____   ○ _____
_____   ○ _____
_____   ○ _____
_____   ○ _____
_____   ○ _____
_____   ○ _____
_____   ○ _____

TUE · MARCH 24, 2020

_____   ○ _____
_____   ○ _____
_____   ○ _____
_____   ○ _____
_____   ○ _____
_____   ○ _____
_____   ○ _____
_____   ○ _____
_____   ○ _____
_____   ○ _____
_____   ○ _____

WED · MARCH 25, 2020

_____   ○ _____
_____   ○ _____
_____   ○ _____
_____   ○ _____
_____   ○ _____
_____   ○ _____
_____   ○ _____
_____   ○ _____
_____   ○ _____
_____   ○ _____
_____   ○ _____

THU · MARCH 26, 2020

_____

_____

_____

_____

_____

_____

_____

_____

○ _____

○ _____

○ _____

○ _____

○ _____

○ _____

○ _____

○ _____

○ _____

○ _____

○ _____

FRI · MARCH 27, 2020

_____

_____

_____

_____

_____

_____

_____

_____

_____

○ _____

○ _____

○ _____

○ _____

○ _____

○ _____

○ _____

○ _____

○ _____

○ _____

○ _____

SAT · MARCH 28, 2020

_____

_____

_____

_____

_____

_____

_____

SUN · MARCH 29, 2020

_____

_____

_____

_____

_____

_____

_____

April 2020

SUNDAY	MONDAY	TUESDAY	WEDNESDAY
			1
5	6	7	8
12 EASTER	13	14	15
19	20	21	22 EARTH DAY
26	27	28	29

> The world belongs to the enthusiastic.
> - Ralph Waldo Emerson

THURSDAY	FRIDAY	SATURDAY	NOTES
2	3	4	_____
			_____
			_____
9	10	11	_____
	GOOD FRIDAY		_____
16	17	18	_____
			_____
23	24	25	_____
			_____
30			_____

■ MON · MARCH 30, 2020

_____   ○ _____
_____   ○ _____
_____   ○ _____
_____   ○ _____
_____   ○ _____
_____   ○ _____
_____   ○ _____
_____   ○ _____
_____   ○ _____
_____   ○ _____
_____   ○ _____

■ TUE · MARCH 31, 2020

_____   ○ _____
_____   ○ _____
_____   ○ _____
_____   ○ _____
_____   ○ _____
_____   ○ _____
_____   ○ _____
_____   ○ _____
_____   ○ _____
_____   ○ _____
_____   ○ _____

■ WED · APRIL 1, 2020

_____   ○ _____
_____   ○ _____
_____   ○ _____
_____   ○ _____
_____   ○ _____
_____   ○ _____
_____   ○ _____
_____   ○ _____
_____   ○ _____
_____   ○ _____

THU · APRIL 2, 2020

_____
_____
_____
_____
_____
_____
_____
_____
_____
_____
_____

- ○ _____
- ○ _____
- ○ _____
- ○ _____
- ○ _____
- ○ _____
- ○ _____
- ○ _____
- ○ _____
- ○ _____
- ○ _____

FRI · APRIL 3, 2020

_____
_____
_____
_____
_____
_____
_____
_____
_____
_____
_____

- ○ _____
- ○ _____
- ○ _____
- ○ _____
- ○ _____
- ○ _____
- ○ _____
- ○ _____
- ○ _____
- ○ _____
- ○ _____

SAT · APRIL 4, 2020

_____
_____
_____
_____
_____
_____
_____

SUN · APRIL 5, 2020

_____
_____
_____
_____
_____
_____
_____

MON · APRIL 6, 2020

TUE · APRIL 7, 2020

WED · APRIL 8, 2020

THU · APRIL 9, 2020

○
○
○
○
○
○
○
○
○
○
○

FRI · APRIL 10, 2020

○
○
○
○
○
○
○
○
○
○
○

GOOD FRIDAY

SAT · APRIL 11, 2020

SUN · APRIL 12, 2020

EASTER

MON · APRIL 13, 2020

_____

- _____
- _____
- _____
- _____
- _____
- _____
- _____
- _____
- _____
- _____
- _____

TUE · APRIL 14, 2020

_____

- _____
- _____
- _____
- _____
- _____
- _____
- _____
- _____
- _____
- _____
- _____

WED · APRIL 15, 2020

_____

- _____
- _____
- _____
- _____
- _____
- _____
- _____
- _____
- _____
- _____
- _____

THU · APRIL 16, 2020

- _____
- _____
- _____
- _____
- _____
- _____
- _____
- _____
- _____
- _____
- _____

FRI · APRIL 17, 2020

- _____
- _____
- _____
- _____
- _____
- _____
- _____
- _____
- _____
- _____
- _____

SAT · APRIL 18, 2020

SUN · APRIL 19, 2020

MON · APRIL 20, 2020

- _____
- _____
- _____
- _____
- _____
- _____
- _____
- _____
- _____
- _____
- _____

○ _____
○ _____
○ _____
○ _____
○ _____
○ _____
○ _____
○ _____
○ _____
○ _____
○ _____

TUE · APRIL 21, 2020

- _____
- _____
- _____
- _____
- _____
- _____
- _____
- _____
- _____
- _____
- _____

○ _____
○ _____
○ _____
○ _____
○ _____
○ _____
○ _____
○ _____
○ _____
○ _____
○ _____

WED · APRIL 22, 2020

- _____
- _____
- _____
- _____
- _____
- _____
- _____
- _____
- _____
- _____

EARTH DAY

○ _____
○ _____
○ _____
○ _____
○ _____
○ _____
○ _____
○ _____
○ _____
○ _____
○ _____

THU · APRIL 23, 2020

○
○
○
○
○
○
○
○
○
○
○

FRI · APRIL 24, 2020

○
○
○
○
○
○
○
○
○
○
○

SAT · APRIL 25, 2020

SUN · APRIL 26, 2020

May 2020

SUNDAY	MONDAY	TUESDAY	WEDNESDAY
3	4	5 Cinco de Mayo	6
10 MOTHER'S DAY	11	12	13
17	18	19	20
24 31	25 MEMORIAL DAY	26	27

THURSDAY	FRIDAY	SATURDAY	NOTES
	1	2	
7	8	9	
14	15	16	
21	22	23	
28	29	30 *Water a Flower Day*	

MON · APRIL 27, 2020

_____   ○ _____
_____   ○ _____
_____   ○ _____
_____   ○ _____
_____   ○ _____
_____   ○ _____
_____   ○ _____
_____   ○ _____
_____   ○ _____
_____   ○ _____
_____   ○ _____

TUE · APRIL 28, 2020

_____   ○ _____
_____   ○ _____
_____   ○ _____
_____   ○ _____
_____   ○ _____
_____   ○ _____
_____   ○ _____
_____   ○ _____
_____   ○ _____
_____   ○ _____
_____   ○ _____

WED · APRIL 29, 2020

_____   ○ _____
_____   ○ _____
_____   ○ _____
_____   ○ _____
_____   ○ _____
_____   ○ _____
_____   ○ _____
_____   ○ _____
_____   ○ _____
_____   ○ _____
_____   ○ _____

THU · APRIL 30, 2020

_____

- _____ ○ _____
- _____ ○ _____
- _____ ○ _____
- _____ ○ _____
- _____ ○ _____
- _____ ○ _____
- _____ ○ _____
- _____ ○ _____
- _____ ○ _____
- _____ ○ _____
- _____ ○ _____

FRI · MAY 1, 2020

_____

- _____ ○ _____
- _____ ○ _____
- _____ ○ _____
- _____ ○ _____
- _____ ○ _____
- _____ ○ _____
- _____ ○ _____
- _____ ○ _____
- _____ ○ _____
- _____ ○ _____
- _____ ○ _____

SAT · MAY 2, 2020

SUN · MAY 3, 2020

MON · MAY 4, 2020

- ○
- ○
- ○
- ○
- ○
- ○
- ○
- ○
- ○
- ○
- ○

TUE · MAY 5, 2020

- ○
- ○
- ○
- ○
- ○
- ○
- ○
- ○
- ○
- ○
- ○

WED · MAY 6, 2020

- ○
- ○
- ○
- ○
- ○
- ○
- ○
- ○
- ○
- ○
- ○

THU · MAY 7, 2020

○
○
○
○
○
○
○
○
○
○
○

FRI · MAY 8, 2020

○
○
○
○
○
○
○
○
○
○
○

SAT · MAY 9, 2020

SUN · MAY 10, 2020

MOTHER'S DAY

MON · MAY 11, 2020

_____

_____   ○ _____
_____   ○ _____
_____   ○ _____
_____   ○ _____
_____   ○ _____
_____   ○ _____
_____   ○ _____
_____   ○ _____
_____   ○ _____
_____   ○ _____
_____   ○ _____

TUE · MAY 12, 2020

_____

_____   ○ _____
_____   ○ _____
_____   ○ _____
_____   ○ _____
_____   ○ _____
_____   ○ _____
_____   ○ _____
_____   ○ _____
_____   ○ _____
_____   ○ _____
_____   ○ _____

WED · MAY 13, 2020

_____

_____   ○ _____
_____   ○ _____
_____   ○ _____
_____   ○ _____
_____   ○ _____
_____   ○ _____
_____   ○ _____
_____   ○ _____
_____   ○ _____
_____   ○ _____
_____   ○ _____

THU · MAY 14, 2020

- ○ _____
- ○ _____
- ○ _____
- ○ _____
- ○ _____
- ○ _____
- ○ _____
- ○ _____
- ○ _____
- ○ _____
- ○ _____

FRI · MAY 15, 2020

- ○ _____
- ○ _____
- ○ _____
- ○ _____
- ○ _____
- ○ _____
- ○ _____
- ○ _____
- ○ _____
- ○ _____
- ○ _____

SAT · MAY 16, 2020

SUN · MAY 17, 2020

MON · MAY 18, 2020

- _____
- _____
- _____
- _____
- _____
- _____
- _____
- _____
- _____
- _____
- _____

○ _____
○ _____
○ _____
○ _____
○ _____
○ _____
○ _____
○ _____
○ _____
○ _____
○ _____

TUE · MAY 19, 2020

- _____
- _____
- _____
- _____
- _____
- _____
- _____
- _____
- _____
- _____
- _____

○ _____
○ _____
○ _____
○ _____
○ _____
○ _____
○ _____
○ _____
○ _____
○ _____
○ _____

WED · MAY 20, 2020

- _____
- _____
- _____
- _____
- _____
- _____
- _____
- _____
- _____
- _____
- _____

○ _____
○ _____
○ _____
○ _____
○ _____
○ _____
○ _____
○ _____
○ _____
○ _____
○ _____

⚑ THU · MAY 21, 2020

_____

- ○ _____
- ○ _____
- ○ _____
- ○ _____
- ○ _____
- ○ _____
- ○ _____
- ○ _____
- ○ _____
- ○ _____
- ○ _____

⚑ FRI · MAY 22, 2020

_____

- ○ _____
- ○ _____
- ○ _____
- ○ _____
- ○ _____
- ○ _____
- ○ _____
- ○ _____
- ○ _____
- ○ _____
- ○ _____

⚑ SAT · MAY 23, 2020

⚑ SUN · MAY 24, 2020

▌ MON · MAY 25, 2020

_____

- ○ _____
- ○ _____
- ○ _____
- ○ _____
- ○ _____
- ○ _____
- ○ _____
- ○ _____
- ○ _____
- ○ _____

MEMORIAL DAY

- ○ _____

▌ TUE · MAY 26, 2020

_____

- ○ _____
- ○ _____
- ○ _____
- ○ _____
- ○ _____
- ○ _____
- ○ _____
- ○ _____
- ○ _____
- ○ _____
- ○ _____

▌ WED · MAY 27, 2020

_____

- ○ _____
- ○ _____
- ○ _____
- ○ _____
- ○ _____
- ○ _____
- ○ _____
- ○ _____
- ○ _____
- ○ _____
- ○ _____

THU · MAY 28, 2020

_____

- ○ _____
- ○ _____
- ○ _____
- ○ _____
- ○ _____
- ○ _____
- ○ _____
- ○ _____
- ○ _____
- ○ _____
- ○ _____

FRI · MAY 29, 2020

_____

- ○ _____
- ○ _____
- ○ _____
- ○ _____
- ○ _____
- ○ _____
- ○ _____
- ○ _____
- ○ _____
- ○ _____
- ○ _____

SAT · MAY 30, 2020

SUN · MAY 31, 2020

June 2020

SUNDAY	MONDAY	TUESDAY	WEDNESDAY
	1	2	3
7	8	9	10
14 FLAG DAY	15	16	17
21 FATHER'S DAY	22	23	24
28	29	30	

THURSDAY	FRIDAY	SATURDAY	NOTES
4	5 *National Donut Day*	6	
11	12	13	
18	19	20	
25	26	27	

MON · JUNE 1, 2020

_____
_____
_____
_____
_____
_____
_____
_____
_____
_____
_____

○ _____
○ _____
○ _____
○ _____
○ _____
○ _____
○ _____
○ _____
○ _____
○ _____
○ _____

TUE · JUNE 2, 2020

_____
_____
_____
_____
_____
_____
_____
_____
_____
_____
_____

○ _____
○ _____
○ _____
○ _____
○ _____
○ _____
○ _____
○ _____
○ _____
○ _____
○ _____

WED · JUNE 3, 2020

_____
_____
_____
_____
_____
_____
_____
_____
_____
_____
_____

○ _____
○ _____
○ _____
○ _____
○ _____
○ _____
○ _____
○ _____
○ _____
○ _____
○ _____

THU · JUNE 4, 2020

- ○ _____
- ○ _____
- ○ _____
- ○ _____
- ○ _____
- ○ _____
- ○ _____
- ○ _____
- ○ _____
- ○ _____
- ○ _____

FRI · JUNE 5, 2020

- ○ _____
- ○ _____
- ○ _____
- ○ _____
- ○ _____
- ○ _____
- ○ _____
- ○ _____
- ○ _____
- ○ _____
- ○ _____

SAT · JUNE 6, 2020

SUN · JUNE 7, 2020

MON · JUNE 8, 2020

_____   ○ _____
_____   ○ _____
_____   ○ _____
_____   ○ _____
_____   ○ _____
_____   ○ _____
_____   ○ _____
_____   ○ _____
_____   ○ _____
_____   ○ _____
_____   ○ _____

TUE · JUNE 9, 2020

_____   ○ _____
_____   ○ _____
_____   ○ _____
_____   ○ _____
_____   ○ _____
_____   ○ _____
_____   ○ _____
_____   ○ _____
_____   ○ _____
_____   ○ _____
_____   ○ _____
_____

WED · JUNE 10, 2020

_____   ○ _____
_____   ○ _____
_____   ○ _____
_____   ○ _____
_____   ○ _____
_____   ○ _____
_____   ○ _____
_____   ○ _____
_____   ○ _____
_____   ○ _____
_____   ○ _____
_____

THU · JUNE 11, 2020

- ○
- ○
- ○
- ○
- ○
- ○
- ○
- ○
- ○
- ○
- ○

FRI · JUNE 12, 2020

- ○
- ○
- ○
- ○
- ○
- ○
- ○
- ○
- ○
- ○
- ○

SAT · JUNE 13, 2020

SUN · JUNE 14, 2020

FLAG DAY

MON · JUNE 15, 2020 _____

_____ ○ _____
_____ ○ _____
_____ ○ _____
_____ ○ _____
_____ ○ _____
_____ ○ _____
_____ ○ _____
_____ ○ _____
_____ ○ _____
_____ ○ _____
_____ ○ _____

TUE · JUNE 16, 2020 _____

_____ ○ _____
_____ ○ _____
_____ ○ _____
_____ ○ _____
_____ ○ _____
_____ ○ _____
_____ ○ _____
_____ ○ _____
_____ ○ _____
_____ ○ _____
_____ ○ _____

WED · JUNE 17, 2020 _____

_____ ○ _____
_____ ○ _____
_____ ○ _____
_____ ○ _____
_____ ○ _____
_____ ○ _____
_____ ○ _____
_____ ○ _____
_____ ○ _____
_____ ○ _____
_____ ○ _____

THU · JUNE 18, 2020

- ○
- ○
- ○
- ○
- ○
- ○
- ○
- ○
- ○
- ○
- ○

FRI · JUNE 19, 2020

- ○
- ○
- ○
- ○
- ○
- ○
- ○
- ○
- ○
- ○
- ○

SAT · JUNE 20, 2020

SUN · JUNE 21, 2020

FATHER'S DAY

MON · JUNE 22, 2020

_____ ⟩ ○ _____
_____ ⟩ ○ _____
_____ ⟩ ○ _____
_____ ⟩ ○ _____
_____ ⟩ ○ _____
_____ ⟩ ○ _____
_____ ⟩ ○ _____
_____ ⟩ ○ _____
_____ ⟩ ○ _____
_____ ⟩ ○ _____
_____ ⟩ ○ _____

TUE · JUNE 23, 2020

_____ ⟩ ○ _____
_____ ⟩ ○ _____
_____ ⟩ ○ _____
_____ ⟩ ○ _____
_____ ⟩ ○ _____
_____ ⟩ ○ _____
_____ ⟩ ○ _____
_____ ⟩ ○ _____
_____ ⟩ ○ _____
_____ ⟩ ○ _____
_____ ⟩ ○ _____

WED · JUNE 24, 2020

_____ ⟩ ○ _____
_____ ⟩ ○ _____
_____ ⟩ ○ _____
_____ ⟩ ○ _____
_____ ⟩ ○ _____
_____ ⟩ ○ _____
_____ ⟩ ○ _____
_____ ⟩ ○ _____
_____ ⟩ ○ _____
_____ ⟩ ○ _____
_____ ⟩ ○ _____

THU · JUNE 25, 2020

FRI · JUNE 26, 2020

SAT · JUNE 27, 2020

SUN · JUNE 28, 2020

July 2020

SUNDAY	MONDAY	TUESDAY	WEDNESDAY
			1
5	6	7	8
12	13	14	15
19 *National Ice Cream Day*	20	21	22
26	27	28	29

> Live in the sunshine, swim in the sea, drink the wild air.
> — Ralph Waldo Emerson

THURSDAY	FRIDAY	SATURDAY	NOTES
2	3	4 INDEPENDENCE DAY	
9	10	11	
16	17	18	
23	24	25	
30	31		

MON · JUNE 29, 2020

_____   ○ _____
_____   ○ _____
_____   ○ _____
_____   ○ _____
_____   ○ _____
_____   ○ _____
_____   ○ _____
_____   ○ _____
_____   ○ _____
_____   ○ _____
_____   ○ _____

TUE · JUNE 30, 2020

_____   ○ _____
_____   ○ _____
_____   ○ _____
_____   ○ _____
_____   ○ _____
_____   ○ _____
_____   ○ _____
_____   ○ _____
_____   ○ _____
_____   ○ _____
_____   ○ _____

WED · JULY 1, 2020

_____   ○ _____
_____   ○ _____
_____   ○ _____
_____   ○ _____
_____   ○ _____
_____   ○ _____
_____   ○ _____
_____   ○ _____
_____   ○ _____
_____   ○ _____
_____   ○ _____

THU · JULY 2, 2020

FRI · JULY 3, 2020

SAT · JULY 4, 2020

INDEPENDENCE DAY

SUN · JULY 5, 2020

◤ MON · JULY 6, 2020 _____

_____
_____
_____
_____
_____
_____
_____
_____
_____
_____
_____
_____

○ _____
○ _____
○ _____
○ _____
○ _____
○ _____
○ _____
○ _____
○ _____
○ _____
○ _____

◤ TUE · JULY 7, 2020 _____

_____
_____
_____
_____
_____
_____
_____
_____
_____
_____
_____
_____

○ _____
○ _____
○ _____
○ _____
○ _____
○ _____
○ _____
○ _____
○ _____
○ _____
○ _____

◤ WED · JULY 8, 2020 _____

_____
_____
_____
_____
_____
_____
_____
_____
_____
_____
_____
_____

○ _____
○ _____
○ _____
○ _____
○ _____
○ _____
○ _____
○ _____
○ _____
○ _____
○ _____

THU · JULY 9, 2020

- ○ _____
- ○ _____
- ○ _____
- ○ _____
- ○ _____
- ○ _____
- ○ _____
- ○ _____
- ○ _____
- ○ _____
- ○ _____

FRI · JULY 10, 2020

- ○ _____
- ○ _____
- ○ _____
- ○ _____
- ○ _____
- ○ _____
- ○ _____
- ○ _____
- ○ _____
- ○ _____
- ○ _____

SAT · JULY 11, 2020

SUN · JULY 12, 2020

MON · JULY 13, 2020

_____

○ _____
○ _____
○ _____
○ _____
○ _____
○ _____
○ _____
○ _____
○ _____
○ _____
○ _____

TUE · JULY 14, 2020

_____

○ _____
○ _____
○ _____
○ _____
○ _____
○ _____
○ _____
○ _____
○ _____
○ _____
○ _____

WED · JULY 15, 2020

_____

○ _____
○ _____
○ _____
○ _____
○ _____
○ _____
○ _____
○ _____
○ _____
○ _____
○ _____

THU · JULY 16, 2020

_____
_____
_____
_____
_____
_____
_____
_____
_____
_____
_____

- ○ _____
- ○ _____
- ○ _____
- ○ _____
- ○ _____
- ○ _____
- ○ _____
- ○ _____
- ○ _____
- ○ _____
- ○ _____

FRI · JULY 17, 2020

_____
_____
_____
_____
_____
_____
_____
_____
_____
_____
_____

- ○ _____
- ○ _____
- ○ _____
- ○ _____
- ○ _____
- ○ _____
- ○ _____
- ○ _____
- ○ _____
- ○ _____
- ○ _____

SAT · JULY 18, 2020

_____
_____
_____
_____
_____
_____
_____
_____
_____

SUN · JULY 19, 2020

_____
_____
_____
_____
_____
_____
_____
_____
_____

MON · JULY 20, 2020

○ _____
○ _____
○ _____
○ _____
○ _____
○ _____
○ _____
○ _____
○ _____
○ _____
○ _____

TUE · JULY 21, 2020

○ _____
○ _____
○ _____
○ _____
○ _____
○ _____
○ _____
○ _____
○ _____
○ _____
○ _____

WED · JULY 22, 2020

○ _____
○ _____
○ _____
○ _____
○ _____
○ _____
○ _____
○ _____
○ _____
○ _____
○ _____

THU · JULY 23, 2020

_____

- ○ _____
- ○ _____
- ○ _____
- ○ _____
- ○ _____
- ○ _____
- ○ _____
- ○ _____
- ○ _____
- ○ _____
- ○ _____

FRI · JULY 24, 2020

_____

- ○ _____
- ○ _____
- ○ _____
- ○ _____
- ○ _____
- ○ _____
- ○ _____
- ○ _____
- ○ _____
- ○ _____
- ○ _____

SAT · JULY 25, 2020

SUN · JULY 26, 2020

MON · JULY 27, 2020

_____

- ○ _____
- ○ _____
- ○ _____
- ○ _____
- ○ _____
- ○ _____
- ○ _____
- ○ _____
- ○ _____
- ○ _____
- ○ _____

TUE · JULY 28, 2020

_____

- ○ _____
- ○ _____
- ○ _____
- ○ _____
- ○ _____
- ○ _____
- ○ _____
- ○ _____
- ○ _____
- ○ _____
- ○ _____

WED · JULY 29, 2020

_____

- ○ _____
- ○ _____
- ○ _____
- ○ _____
- ○ _____
- ○ _____
- ○ _____
- ○ _____
- ○ _____
- ○ _____
- ○ _____

THU · JULY 30, 2020

- ○ _____
- ○ _____
- ○ _____
- ○ _____
- ○ _____
- ○ _____
- ○ _____
- ○ _____
- ○ _____
- ○ _____
- ○ _____

FRI · JULY 31, 2020

- ○ _____
- ○ _____
- ○ _____
- ○ _____
- ○ _____
- ○ _____
- ○ _____
- ○ _____
- ○ _____
- ○ _____
- ○ _____

SAT · AUGUST 1, 2020

SUN · AUGUST 2, 2020

August 2020

SUNDAY	MONDAY	TUESDAY	WEDNESDAY
2	3	4	5
9 Book Lover's Day	10	11	12
16 Tell a Joke Day	17	18	19
23 / 30	24 / 31	25	26 National Dog Day

> The secret of getting ahead is getting started.
> – Mark Twain

THURSDAY	FRIDAY	SATURDAY	NOTES
		1	
6 *Root Beer Float Day*	7	8	
13	14	15	
20	21	22	
27	28	29	

MON · AUGUST 3, 2020

- _____
- _____
- _____
- _____
- _____
- _____
- _____
- _____
- _____
- _____
- _____

○ _____
○ _____
○ _____
○ _____
○ _____
○ _____
○ _____
○ _____
○ _____
○ _____
○ _____

TUE · AUGUST 4, 2020

- _____
- _____
- _____
- _____
- _____
- _____
- _____
- _____
- _____
- _____
- _____

○ _____
○ _____
○ _____
○ _____
○ _____
○ _____
○ _____
○ _____
○ _____
○ _____
○ _____

WED · AUGUST 5, 2020

- _____
- _____
- _____
- _____
- _____
- _____
- _____
- _____
- _____
- _____
- _____

○ _____
○ _____
○ _____
○ _____
○ _____
○ _____
○ _____
○ _____
○ _____
○ _____
○ _____

THU · AUGUST 6, 2020

- ○
- ○
- ○
- ○
- ○
- ○
- ○
- ○
- ○
- ○
- ○

FRI · AUGUST 7, 2020

- ○
- ○
- ○
- ○
- ○
- ○
- ○
- ○
- ○
- ○
- ○

SAT · AUGUST 8, 2020

SUN · AUGUST 9, 2020

MON · AUGUST 10, 2020

_____

- _____
- _____
- _____
- _____
- _____
- _____
- _____
- _____
- _____
- _____
- _____

TUE · AUGUST 11, 2020

_____

- _____
- _____
- _____
- _____
- _____
- _____
- _____
- _____
- _____
- _____
- _____

WED · AUGUST 12, 2020

_____

- _____
- _____
- _____
- _____
- _____
- _____
- _____
- _____
- _____
- _____
- _____

THU · AUGUST 13, 2020

- ◯ _____
- ◯ _____
- ◯ _____
- ◯ _____
- ◯ _____
- ◯ _____
- ◯ _____
- ◯ _____
- ◯ _____
- ◯ _____
- ◯ _____

FRI · AUGUST 14, 2020

- ◯ _____
- ◯ _____
- ◯ _____
- ◯ _____
- ◯ _____
- ◯ _____
- ◯ _____
- ◯ _____
- ◯ _____
- ◯ _____
- ◯ _____

SAT · AUGUST 15, 2020

SUN · AUGUST 16, 2020

MON · AUGUST 17, 2020 _____

_____ ○ _____
_____ ○ _____
_____ ○ _____
_____ ○ _____
_____ ○ _____
_____ ○ _____
_____ ○ _____
_____ ○ _____
_____ ○ _____
_____ ○ _____
_____ ○ _____

TUE · AUGUST 18, 2020 _____

_____ ○ _____
_____ ○ _____
_____ ○ _____
_____ ○ _____
_____ ○ _____
_____ ○ _____
_____ ○ _____
_____ ○ _____
_____ ○ _____
_____ ○ _____
_____ ○ _____

WED · AUGUST 19, 2020 _____

_____ ○ _____
_____ ○ _____
_____ ○ _____
_____ ○ _____
_____ ○ _____
_____ ○ _____
_____ ○ _____
_____ ○ _____
_____ ○ _____
_____ ○ _____
_____ ○ _____

THU · AUGUST 20, 2020

_____ ○ _____
_____ ○ _____
_____ ○ _____
_____ ○ _____
_____ ○ _____
_____ ○ _____
_____ ○ _____
_____ ○ _____
_____ ○ _____
_____ ○ _____
_____ ○ _____

FRI · AUGUST 21, 2020

_____ ○ _____
_____ ○ _____
_____ ○ _____
_____ ○ _____
_____ ○ _____
_____ ○ _____
_____ ○ _____
_____ ○ _____
_____ ○ _____
_____ ○ _____
_____ ○ _____

SAT · AUGUST 22, 2020

_____

_____

_____

_____

_____

_____

_____

_____

SUN · AUGUST 23, 2020

_____

_____

_____

_____

_____

_____

_____

_____

MON · AUGUST 24, 2020

- ○
- ○
- ○
- ○
- ○
- ○
- ○
- ○
- ○
- ○
- ○

TUE · AUGUST 25, 2020

- ○
- ○
- ○
- ○
- ○
- ○
- ○
- ○
- ○
- ○
- ○

WED · AUGUST 26, 2020

- ○
- ○
- ○
- ○
- ○
- ○
- ○
- ○
- ○
- ○
- ○

THU · AUGUST 27, 2020

_____   ○ _____
_____   ○ _____
_____   ○ _____
_____   ○ _____
_____   ○ _____
_____   ○ _____
_____   ○ _____
_____   ○ _____
_____   ○ _____
_____   ○ _____
_____   ○ _____
                              ○ _____

FRI · AUGUST 28, 2020

_____   ○ _____
_____   ○ _____
_____   ○ _____
_____   ○ _____
_____   ○ _____
_____   ○ _____
_____   ○ _____
_____   ○ _____
_____   ○ _____
_____   ○ _____
_____   ○ _____
                              ○ _____

SAT · AUGUST 29, 2020

SUN · AUGUST 30, 2020

September 2020

SUNDAY	MONDAY	TUESDAY	WEDNESDAY
		1	2
6 *Read a Book Day*	7 LABOR DAY	8	9
13	14	15	16
20	21	22	23
27 YOM KIPPUR	28	29 *National Coffee Day*	30

> With the new day comes new strength and new thoughts.
> – Eleanor Roosevelt

THURSDAY	FRIDAY	SATURDAY	NOTES
3	4	5	
10	11	12	
17	18 ROSH HASHANAH	19	
24	25	26	

MON · AUGUST 31, 2020

_____

- _____
- _____
- _____
- _____
- _____
- _____
- _____
- _____
- _____
- _____
- _____

TUE · SEPTEMBER 1, 2020

_____

- _____
- _____
- _____
- _____
- _____
- _____
- _____
- _____
- _____
- _____
- _____

WED · SEPTEMBER 2, 2020

_____

- _____
- _____
- _____
- _____
- _____
- _____
- _____
- _____
- _____
- _____
- _____

THU · SEPTEMBER 3, 2020

- ○ _____
- ○ _____
- ○ _____
- ○ _____
- ○ _____
- ○ _____
- ○ _____
- ○ _____
- ○ _____
- ○ _____
- ○ _____

FRI · SEPTEMBER 4, 2020

- ○ _____
- ○ _____
- ○ _____
- ○ _____
- ○ _____
- ○ _____
- ○ _____
- ○ _____
- ○ _____
- ○ _____
- ○ _____
- ○ _____

SAT · SEPTEMBER 5, 2020

SUN · SEPTEMBER 6, 2020

MON · SEPTEMBER 7, 2020

LABOR DAY

TUE · SEPTEMBER 8, 2020

WED · SEPTEMBER 9, 2020

THU · SEPTEMBER 10, 2020

_____

- ○ _____
- ○ _____
- ○ _____
- ○ _____
- ○ _____
- ○ _____
- ○ _____
- ○ _____
- ○ _____
- ○ _____
- ○ _____

FRI · SEPTEMBER 11, 2020

_____

- ○ _____
- ○ _____
- ○ _____
- ○ _____
- ○ _____
- ○ _____
- ○ _____
- ○ _____
- ○ _____
- ○ _____
- ○ _____

SAT · SEPTEMBER 12, 2020

SUN · SEPTEMBER 13, 2020

MON · SEPTEMBER 14, 2020

_____

- ○ _____
- ○ _____
- ○ _____
- ○ _____
- ○ _____
- ○ _____
- ○ _____
- ○ _____
- ○ _____
- ○ _____
- ○ _____

TUE · SEPTEMBER 15, 2020

_____

- ○ _____
- ○ _____
- ○ _____
- ○ _____
- ○ _____
- ○ _____
- ○ _____
- ○ _____
- ○ _____
- ○ _____
- ○ _____

WED · SEPTEMBER 16, 2020

_____

- ○ _____
- ○ _____
- ○ _____
- ○ _____
- ○ _____
- ○ _____
- ○ _____
- ○ _____
- ○ _____
- ○ _____
- ○ _____

THU · SEPTEMBER 17, 2020

_____
_____
_____
_____
_____
_____
_____
_____
_____
_____
_____

○ _____
○ _____
○ _____
○ _____
○ _____
○ _____
○ _____
○ _____
○ _____
○ _____
○ _____

FRI · SEPTEMBER 18, 2020

_____
_____
_____
_____
_____
_____
_____
_____
_____
_____
ROSH HASHANAH

○ _____
○ _____
○ _____
○ _____
○ _____
○ _____
○ _____
○ _____
○ _____
○ _____
○ _____

SAT · SEPTEMBER 19, 2020

_____
_____
_____
_____
_____
_____
_____
_____
_____

SUN · SEPTEMBER 20, 2020

_____
_____
_____
_____
_____
_____
_____
_____
_____

MON · SEPTEMBER 21, 2020

_____

- ○ _____
- ○ _____
- ○ _____
- ○ _____
- ○ _____
- ○ _____
- ○ _____
- ○ _____
- ○ _____
- ○ _____
- ○ _____

TUE · SEPTEMBER 22, 2020

_____

- ○ _____
- ○ _____
- ○ _____
- ○ _____
- ○ _____
- ○ _____
- ○ _____
- ○ _____
- ○ _____
- ○ _____
- ○ _____

WED · SEPTEMBER 23, 2020

_____

- ○ _____
- ○ _____
- ○ _____
- ○ _____
- ○ _____
- ○ _____
- ○ _____
- ○ _____
- ○ _____
- ○ _____
- ○ _____

THU · SEPTEMBER 24, 2020

- ○
- ○
- ○
- ○
- ○
- ○
- ○
- ○
- ○
- ○
- ○
- ○

FRI · SEPTEMBER 25, 2020

- ○
- ○
- ○
- ○
- ○
- ○
- ○
- ○
- ○
- ○
- ○
- ○

SAT · SEPTEMBER 26, 2020

SUN · SEPTEMBER 27, 2020

YOM KIPPUR

October 2020

SUNDAY	MONDAY	TUESDAY	WEDNESDAY
4 National Taco Day	5	6	7
11	12 COLUMBUS DAY	13	14
18	19	20	21
25	26	27	28

> Simplicity is the keynote of all true elegance.
>   – Coco Chanel

THURSDAY	FRIDAY	SATURDAY	NOTES
1	2	3	
	World Smile Day		
8	9	10	
15	16	17	
22	23	24	
29	30	31	
		HALLOWEEN	

MON · SEPTEMBER 28, 2020

_____

_____   ○ _____
_____   ○ _____
_____   ○ _____
_____   ○ _____
_____   ○ _____
_____   ○ _____
_____   ○ _____
_____   ○ _____
_____   ○ _____
_____   ○ _____
_____   ○ _____

TUE · SEPTEMBER 29, 2020

_____

_____   ○ _____
_____   ○ _____
_____   ○ _____
_____   ○ _____
_____   ○ _____
_____   ○ _____
_____   ○ _____
_____   ○ _____
_____   ○ _____
_____   ○ _____
_____   ○ _____

WED · SEPTEMBER 30, 2020

_____

_____   ○ _____
_____   ○ _____
_____   ○ _____
_____   ○ _____
_____   ○ _____
_____   ○ _____
_____   ○ _____
_____   ○ _____
_____   ○ _____
_____   ○ _____
_____   ○ _____

THU · OCTOBER 1, 2020

- _____
- _____
- _____
- _____
- _____
- _____
- _____
- _____
- _____
- _____
- _____

FRI · OCTOBER 2, 2020

- _____
- _____
- _____
- _____
- _____
- _____
- _____
- _____
- _____
- _____
- _____

SAT · OCTOBER 3, 2020

SUN · OCTOBER 4, 2020

MON · OCTOBER 5, 2020

_____

- _____
- _____
- _____
- _____
- _____
- _____
- _____
- _____
- _____
- _____
- _____

TUE · OCTOBER 6, 2020

_____

- _____
- _____
- _____
- _____
- _____
- _____
- _____
- _____
- _____
- _____
- _____

WED · OCTOBER 7, 2020

_____

- _____
- _____
- _____
- _____
- _____
- _____
- _____
- _____
- _____
- _____
- _____

THU · OCTOBER 8, 2020

_____ ○ _____
_____ ○ _____
_____ ○ _____
_____ ○ _____
_____ ○ _____
_____ ○ _____
_____ ○ _____
_____ ○ _____
_____ ○ _____
_____ ○ _____
_____ ○ _____

FRI · OCTOBER 9, 2020

_____ ○ _____
_____ ○ _____
_____ ○ _____
_____ ○ _____
_____ ○ _____
_____ ○ _____
_____ ○ _____
_____ ○ _____
_____ ○ _____
_____ ○ _____
_____ ○ _____

SAT · OCTOBER 10, 2020   ## SUN · OCTOBER 11, 2020

MON · OCTOBER 12, 2020

_____   ○ _____
_____   ○ _____
_____   ○ _____
_____   ○ _____
_____   ○ _____
_____   ○ _____
_____   ○ _____
_____   ○ _____
_____   ○ _____
COLUMBUS DAY   ○ _____

TUE · OCTOBER 13, 2020

_____   ○ _____
_____   ○ _____
_____   ○ _____
_____   ○ _____
_____   ○ _____
_____   ○ _____
_____   ○ _____
_____   ○ _____
_____   ○ _____
_____   ○ _____
_____   ○ _____

WED · OCTOBER 14, 2020

_____   ○ _____
_____   ○ _____
_____   ○ _____
_____   ○ _____
_____   ○ _____
_____   ○ _____
_____   ○ _____
_____   ○ _____
_____   ○ _____
_____   ○ _____
_____   ○ _____

THU · OCTOBER 15, 2020

FRI · OCTOBER 16, 2020

SAT · OCTOBER 17, 2020

SUN · OCTOBER 18, 2020

MON · OCTOBER 19, 2020 _____

_____ ○ _____
_____ ○ _____
_____ ○ _____
_____ ○ _____
_____ ○ _____
_____ ○ _____
_____ ○ _____
_____ ○ _____
_____ ○ _____
_____ ○ _____
_____ ○ _____

TUE · OCTOBER 20, 2020 _____

_____ ○ _____
_____ ○ _____
_____ ○ _____
_____ ○ _____
_____ ○ _____
_____ ○ _____
_____ ○ _____
_____ ○ _____
_____ ○ _____
_____ ○ _____
_____ ○ _____

WED · OCTOBER 21, 2020 _____

_____ ○ _____
_____ ○ _____
_____ ○ _____
_____ ○ _____
_____ ○ _____
_____ ○ _____
_____ ○ _____
_____ ○ _____
_____ ○ _____
_____ ○ _____
_____ ○ _____

THU · OCTOBER 22, 2020

- ○
- ○
- ○
- ○
- ○
- ○
- ○
- ○
- ○
- ○
- ○

FRI · OCTOBER 23, 2020

- ○
- ○
- ○
- ○
- ○
- ○
- ○
- ○
- ○
- ○
- ○

SAT · OCTOBER 24, 2020

SUN · OCTOBER 25, 2020

MON · OCTOBER 26, 2020

_____   ○ _____
_____   ○ _____
_____   ○ _____
_____   ○ _____
_____   ○ _____
_____   ○ _____
_____   ○ _____
_____   ○ _____
_____   ○ _____
_____   ○ _____
_____   ○ _____

TUE · OCTOBER 27, 2020

_____   ○ _____
_____   ○ _____
_____   ○ _____
_____   ○ _____
_____   ○ _____
_____   ○ _____
_____   ○ _____
_____   ○ _____
_____   ○ _____
_____   ○ _____
_____   ○ _____

WED · OCTOBER 28, 2020

_____   ○ _____
_____   ○ _____
_____   ○ _____
_____   ○ _____
_____   ○ _____
_____   ○ _____
_____   ○ _____
_____   ○ _____
_____   ○ _____
_____   ○ _____
_____   ○ _____

THU · OCTOBER 29, 2020

- ○ _____
- ○ _____
- ○ _____
- ○ _____
- ○ _____
- ○ _____
- ○ _____
- ○ _____
- ○ _____
- ○ _____
- ○ _____

FRI · OCTOBER 30, 2020

- ○ _____
- ○ _____
- ○ _____
- ○ _____
- ○ _____
- ○ _____
- ○ _____
- ○ _____
- ○ _____
- ○ _____
- ○ _____

SAT · OCTOBER 31, 2020

HALLOWEEN

SUN · NOVEMBER 1, 2020

DAYLIGHT SAVINGS ENDS

November 2020

SUNDAY	MONDAY	TUESDAY	WEDNESDAY
1 DAYLIGHT SAVINGS ENDS	2	3	4
8	9	10	11 VETERANS DAY
15	16	17	18
22	23	24	25
29	30		

> The purpose of our lives is to be happy.
>
> — Dalai Lama

THURSDAY	FRIDAY	SATURDAY	NOTES
5	6	7	
12	13 *World Kindness Day*	14	
19	20	21	
26 THANKSGIVING	27	28	

MON · NOVEMBER 2, 2020

_____   ○ _____
_____   ○ _____
_____   ○ _____
_____   ○ _____
_____   ○ _____
_____   ○ _____
_____   ○ _____
_____   ○ _____
_____   ○ _____
_____   ○ _____
_____   ○ _____

TUE · NOVEMBER 3, 2020

_____   ○ _____
_____   ○ _____
_____   ○ _____
_____   ○ _____
_____   ○ _____
_____   ○ _____
_____   ○ _____
_____   ○ _____
_____   ○ _____
_____   ○ _____
_____   ○ _____
_____   ○ _____

WED · NOVEMBER 4, 2020

_____   ○ _____
_____   ○ _____
_____   ○ _____
_____   ○ _____
_____   ○ _____
_____   ○ _____
_____   ○ _____
_____   ○ _____
_____   ○ _____
_____   ○ _____
_____   ○ _____

THU · NOVEMBER 5, 2020

- ○
- ○
- ○
- ○
- ○
- ○
- ○
- ○
- ○
- ○
- ○

FRI · NOVEMBER 6, 2020

- ○
- ○
- ○
- ○
- ○
- ○
- ○
- ○
- ○
- ○
- ○

SAT · NOVEMBER 7, 2020

SUN · NOVEMBER 8, 2020

MON · NOVEMBER 9, 2020

- _____
- _____
- _____
- _____
- _____
- _____
- _____
- _____
- _____
- _____

○ _____
○ _____
○ _____
○ _____
○ _____
○ _____
○ _____
○ _____
○ _____
○ _____
○ _____

TUE · NOVEMBER 10, 2020

- _____
- _____
- _____
- _____
- _____
- _____
- _____
- _____
- _____
- _____
- _____

○ _____
○ _____
○ _____
○ _____
○ _____
○ _____
○ _____
○ _____
○ _____
○ _____
○ _____

WED · NOVEMBER 11, 2020

- _____
- _____
- _____
- _____
- _____
- _____
- _____
- _____
- _____
- _____

○ _____
○ _____
○ _____
○ _____
○ _____
○ _____
○ _____
○ _____
○ _____
○ _____
○ _____

VETERANS DAY

THU · NOVEMBER 12, 2020

○ _____
○ _____
○ _____
○ _____
○ _____
○ _____
○ _____
○ _____
○ _____
○ _____
○ _____

FRI · NOVEMBER 13, 2020

○ _____
○ _____
○ _____
○ _____
○ _____
○ _____
○ _____
○ _____
○ _____
○ _____
○ _____

SAT · NOVEMBER 14, 2020

SUN · NOVEMBER 15, 2020

MON · NOVEMBER 16, 2020

_____ ○ _____
_____ ○ _____
_____ ○ _____
_____ ○ _____
_____ ○ _____
_____ ○ _____
_____ ○ _____
_____ ○ _____
_____ ○ _____
_____ ○ _____
_____ ○ _____

TUE · NOVEMBER 17, 2020

_____ ○ _____
_____ ○ _____
_____ ○ _____
_____ ○ _____
_____ ○ _____
_____ ○ _____
_____ ○ _____
_____ ○ _____
_____ ○ _____
_____ ○ _____
_____ ○ _____

WED · NOVEMBER 18, 2020

_____ ○ _____
_____ ○ _____
_____ ○ _____
_____ ○ _____
_____ ○ _____
_____ ○ _____
_____ ○ _____
_____ ○ _____
_____ ○ _____
_____ ○ _____
_____ ○ _____

THU · NOVEMBER 19, 2020

- ○
- ○
- ○
- ○
- ○
- ○
- ○
- ○
- ○
- ○
- ○

FRI · NOVEMBER 20, 2020

- ○
- ○
- ○
- ○
- ○
- ○
- ○
- ○
- ○
- ○
- ○

SAT · NOVEMBER 21, 2020

SUN · NOVEMBER 22, 2020

MON · NOVEMBER 23, 2020

_____ ○ _____
_____ ○ _____
_____ ○ _____
_____ ○ _____
_____ ○ _____
_____ ○ _____
_____ ○ _____
_____ ○ _____
_____ ○ _____
_____ ○ _____
_____ ○ _____

TUE · NOVEMBER 24, 2020

_____ ○ _____
_____ ○ _____
_____ ○ _____
_____ ○ _____
_____ ○ _____
_____ ○ _____
_____ ○ _____
_____ ○ _____
_____ ○ _____
_____ ○ _____
_____ ○ _____

WED · NOVEMBER 25, 2020

_____ ○ _____
_____ ○ _____
_____ ○ _____
_____ ○ _____
_____ ○ _____
_____ ○ _____
_____ ○ _____
_____ ○ _____
_____ ○ _____
_____ ○ _____
_____ ○ _____

THU · NOVEMBER 26, 2020

- ○ _____
- ○ _____
- ○ _____
- ○ _____
- ○ _____
- ○ _____
- ○ _____
- ○ _____
- ○ _____
- ○ _____
- ○ _____

THANKSGIVING

FRI · NOVEMBER 27, 2020

- ○ _____
- ○ _____
- ○ _____
- ○ _____
- ○ _____
- ○ _____
- ○ _____
- ○ _____
- ○ _____
- ○ _____
- ○ _____

SAT · NOVEMBER 28, 2020

SUN · NOVEMBER 29, 2020

December 2020

SUNDAY	MONDAY	TUESDAY	WEDNESDAY
		1	2
6	7	8	9
13	14	15	16
20	21	22	23
27	28	29	30

> What is done in love is done well.
>
> – Vincent Van Gogh

THURSDAY	FRIDAY	SATURDAY	NOTES
3	4	5	
10	11 HANUKKAH	12	
17	18	19	
24 CHRISTMAS EVE	25 CHRISTMAS DAY	26 KWANZAA	
31 NEW YEAR'S EVE			

◤ MON · NOVEMBER 30, 2020

_____
_____
_____
_____
_____
_____
_____
_____
_____
_____
_____

○ _____
○ _____
○ _____
○ _____
○ _____
○ _____
○ _____
○ _____
○ _____
○ _____
○ _____

◤ TUE · DECEMBER 1, 2020

_____
_____
_____
_____
_____
_____
_____
_____
_____
_____
_____

○ _____
○ _____
○ _____
○ _____
○ _____
○ _____
○ _____
○ _____
○ _____
○ _____
○ _____

◤ WED · DECEMBER 2, 2020

_____
_____
_____
_____
_____
_____
_____
_____
_____
_____
_____

○ _____
○ _____
○ _____
○ _____
○ _____
○ _____
○ _____
○ _____
○ _____
○ _____
○ _____

THU · DECEMBER 3, 2020

- ○ _____
- ○ _____
- ○ _____
- ○ _____
- ○ _____
- ○ _____
- ○ _____
- ○ _____
- ○ _____
- ○ _____
- ○ _____

FRI · DECEMBER 4, 2020

- ○ _____
- ○ _____
- ○ _____
- ○ _____
- ○ _____
- ○ _____
- ○ _____
- ○ _____
- ○ _____
- ○ _____
- ○ _____

SAT · DECEMBER 5, 2020

SUN · DECEMBER 6, 2020

MON · DECEMBER 7, 2020 _____

_____   ○ _____
_____   ○ _____
_____   ○ _____
_____   ○ _____
_____   ○ _____
_____   ○ _____
_____   ○ _____
_____   ○ _____
_____   ○ _____
_____   ○ _____
_____   ○ _____

TUE · DECEMBER 8, 2020 _____

_____   ○ _____
_____   ○ _____
_____   ○ _____
_____   ○ _____
_____   ○ _____
_____   ○ _____
_____   ○ _____
_____   ○ _____
_____   ○ _____
_____   ○ _____
_____   ○ _____

WED · DECEMBER 9, 2020 _____

_____   ○ _____
_____   ○ _____
_____   ○ _____
_____   ○ _____
_____   ○ _____
_____   ○ _____
_____   ○ _____
_____   ○ _____
_____   ○ _____
_____   ○ _____
_____   ○ _____

THU · DECEMBER 10, 2020

_____ ○ _____
_____ ○ _____
_____ ○ _____
_____ ○ _____
_____ ○ _____
_____ ○ _____
_____ ○ _____
_____ ○ _____
_____ ○ _____
_____ ○ _____
_____ ○ _____

FRI · DECEMBER 11, 2020

_____ ○ _____
_____ ○ _____
_____ ○ _____
_____ ○ _____
_____ ○ _____
_____ ○ _____
_____ ○ _____
_____ ○ _____
_____ ○ _____
HANUKKAH ○ _____

SAT · DECEMBER 12, 2020

SUN · DECEMBER 13, 2020

MON · DECEMBER 14, 2020

- ○
- ○
- ○
- ○
- ○
- ○
- ○
- ○
- ○
- ○
- ○

TUE · DECEMBER 15, 2020

- ○
- ○
- ○
- ○
- ○
- ○
- ○
- ○
- ○
- ○
- ○

WED · DECEMBER 16, 2020

- ○
- ○
- ○
- ○
- ○
- ○
- ○
- ○
- ○
- ○
- ○

THU · DECEMBER 17, 2020

- ○ _____
- ○ _____
- ○ _____
- ○ _____
- ○ _____
- ○ _____
- ○ _____
- ○ _____
- ○ _____
- ○ _____
- ○ _____

FRI · DECEMBER 18, 2020

- ○ _____
- ○ _____
- ○ _____
- ○ _____
- ○ _____
- ○ _____
- ○ _____
- ○ _____
- ○ _____
- ○ _____
- ○ _____

SAT · DECEMBER 19, 2020

SUN · DECEMBER 20, 2020

MON · DECEMBER 21, 2020

_____

- ○ _____
- ○ _____
- ○ _____
- ○ _____
- ○ _____
- ○ _____
- ○ _____
- ○ _____
- ○ _____
- ○ _____
- ○ _____

TUE · DECEMBER 22, 2020

_____

- ○ _____
- ○ _____
- ○ _____
- ○ _____
- ○ _____
- ○ _____
- ○ _____
- ○ _____
- ○ _____
- ○ _____
- ○ _____

WED · DECEMBER 23, 2020

_____

- ○ _____
- ○ _____
- ○ _____
- ○ _____
- ○ _____
- ○ _____
- ○ _____
- ○ _____
- ○ _____
- ○ _____
- ○ _____

THU · DECEMBER 24, 2020

CHRISTMAS EVE

FRI · DECEMBER 25, 2020

CHRISTMAS DAY

SAT · DECEMBER 26, 2020

KWANZAA

SUN · DECEMBER 27, 2020

◣ MON · DECEMBER 28, 2020

_____

_____   ○ _____
_____   ○ _____
_____   ○ _____
_____   ○ _____
_____   ○ _____
_____   ○ _____
_____   ○ _____
_____   ○ _____
_____   ○ _____
_____   ○ _____
_____   ○ _____

◣ TUE · DECEMBER 29, 2020

_____

_____   ○ _____
_____   ○ _____
_____   ○ _____
_____   ○ _____
_____   ○ _____
_____   ○ _____
_____   ○ _____
_____   ○ _____
_____   ○ _____
_____   ○ _____
_____   ○ _____

◣ WED · DECEMBER 30, 2020

_____

_____   ○ _____
_____   ○ _____
_____   ○ _____
_____   ○ _____
_____   ○ _____
_____   ○ _____
_____   ○ _____
_____   ○ _____
_____   ○ _____
_____   ○ _____
_____   ○ _____

THU · DECEMBER 31, 2020

○
○
○
○
○
○
○
○
○
○
○

NEW YEAR'S EVE

FRI · JANUARY 1, 2021

○
○
○
○
○
○
○
○
○
○
○

NEW YEAR'S DAY

SAT · JANUARY 2, 2021

SUN · JANUARY 3, 2021

Made in the USA
Coppell, TX
06 December 2019